AF233102

Morale et Santé
POUR TOUS.

Morale et Santé

POUR TOUS.

Il est généralement reconnu que, dans l'état actuel des choses, il n'est guère possible de déterminer et de fixer notre organisation intérieure, qui nous intéresse pour le moins autant que notre organisation à l'extérieur, qu'en donnant à la société une vie tout-à-fait nouvelle ; ainsi, dans les nominations en tout genre qui se projettent, 1° point de magistrats ni de fonctionnaires publics, point d'avocats, ni médecins, ni journalistes, qui déjà ont assez d'occupations, s'ils veulent répondre à la confiance, aux intérêts et aux besoins de leurs administrés, de leurs clients, de leurs malades et de leurs lecteurs.

Toutefois, cette exclusion, qui ne sera que momentanée, cessera dès que les uns ou les autres quitteront leurs premières fonctions pour en accepter d'autres, ou plus éminentes, ou plus lucratives, mais toujours à condition de ne plus se permettre aucun cumul, et de se conformer en tous points aux décrets et aux réglements ordonnés par le gouvernement républicain. 2° Point d'ultras, d'intolé-

1843

rants ni de privilégiés ; point de juste-milieu de l'ex-roi Philippe ; bien moins encore de ces mandataires *satisfaits* et de ces *loups-cerviers* insatiables, tristes soutiens d'un mauvais trône usurpé, ou suppôts dangereux d'une cabale ministérielle, orgueilleuse et anti-nationale, qui ont perdu des rois, et qui ne rêvent que l'abaissement et la ruine de leur pays. C'est principalement contre nos derniers députés, corrupteurs et corrompus, que je voudrais exciter l'animadversion et l'antipathie générale, et que je désirerais une condamnation populaire de ces représentants perfides, scandaleusement favorisés et salariés, *en une interdiction de cinq ou de dix années.* Cette interdiction, prononcée pour cause de malversation volontaire et criminelle dans la gestion des intérêts de la France, et encourue par des individus pervers qui se sont mis eux-mêmes *hors la loi* qu'ils ont méchamment méconnue au détriment de leurs collègues et de leurs concitoyens, serait peut-être encore une punition morale plus grave, si l'on accordait à leurs femmes, à leurs enfants ou à leurs parents la jouissance des droits civils dont ces prévaricateurs seraient momentanément et honteusement privés. D'où vient cependant que le jugement (quel qu'il soit) de ces cruels oppresseurs et de ces dévastateurs sanguinaires est si long à établir et à proclamer dans tous les pays ? Des délits criminels et particuliers qui se sont commis après la catastrophe que Dieu a permise contre tous les Bourbons, et dont les conséquences pourront être fatales pour d'autres souverains, ont promptement et sagement provoqué la punition, et l'on entend à peine parler de la mise en jugement de nos ministres coupables ! Ce n'est pas que l'on soit altéré de leur sang,

ce n'est pas que l'on serait fâché de voir s'exercer en
faveur de ces monstres de l'humanité le nouveau décret
de l'abolition de la peine de mort. Loin de vouloir que la
hache révolutionnaire soit souillée de leur sang impur,
l'on voudrait au moins en voir les noms cloués au pilori
de l'opinion publique, et transmis à la postérité, qui ne
les prononcerait qu'avec mépris, indignation et exécra-
tion.

Plus qu'octogénaire, d'une profession libérale, et té-
moin actif des deux grandes révolutions républicaines en
France, j'ai peut-être acquis le droit de dire la vérité à
tous, même aux ouvriers, à qui je représenterai qu'ils se
trompent et s'égarent, s'ils s'exposent à empêcher la libre
délibération du gouvernement provisoire qu'ils se sont eux-
mêmes donné, et que la France a spontanément et solen-
nellement adopté. Pour peu, en effet, que nos premiers
magistrats soient fatigués, gênés et contrariés dans l'exer-
cice de leurs fonctions, d'ailleurs déjà si compliquées
et si difficiles, il en résultera nécessairement pour Paris,
qui a si bien mérité du pays, un état de trouble, de confu-
sion, ou même de désorganisation, qui forcera les membres
du gouvernement provisoire à quitter cette Babylone mo-
derne pour aller siéger dans une localité où ils puissent,
entourés et protégés par une véritable force nationale et
républicaine, agir librement et conformément aux vœux
et aux intérêts de la France. Dans cette éventualité,
qu'auront gagné les travailleurs proprement dits, mais
malheureusement égarés ou trompés, et qui probablement
encore finiront par être reniés et repoussés de

toutes parts, par les campagnes comme par les villes, dont les populations, plus éclairées par les événements, s'exaspèreront et s'apercevront qu'ils sont capables d'une énergique résistance ? Espérons toutefois que l'on n'en viendra pas à ces extrémités, si les ouvriers du département du Rhône, qui savent bien que, comme républicain, il ne faut pas seulement être Lyonnais, mais encore Français, ne sont pas plus exigeants que leurs frères de Paris, qui ont eu la glorieuse occasion d'acheter une héroïque révolution au prix de leur sang. Les uns et les autres, tout en s'avouant que les circonstances les plus imprévues et les plus providentielles leur ont valu des *promesses impossibles à tenir*, dans un moment d'enthousiasme irréfléchi, de la part d'un gouvernement provisoire qui n'avait rien à leur refuser, il serait peut-être de leur devoir et de leur générosité de consentir à diminuer leurs justes prétentions, et à s'en rapporter à la reconnaissance bien réfléchie et plus méritoire de l'Assemblée constituante, qui n'oubliera pas ce qu'elle doit au peuple, et surtout à la classe intéressante des ouvriers, qui sans doute préférera l'abandon de quelques concessions à l'ivresse d'un triomphe momentané qui pourrait être suivi de regrets et de repentir. Après m'être adressé aux travailleurs et aux républicains, qui forment un parti dominant qu'il faut nécessairement soutenir, s'il était encore utile de m'adresser à d'autres nuances de partis éphémères, je dirais :

1° Aux carlistes, *la raison et la religion* vous défendent de songer à un Henri V ;

2° Aux prétendus conservateurs et gens du juste-milieu, la *prudence* et *votre intérêt* doivent vous faire renoncer à votre égoïsme et à vos prétentions ridicules ;

3° Aux *partisans de la régence* d'une intéressante et trop infortunée duchesse d'Orléans, ne songez *plus qu'à votre patrie;*

4° Aux amis du duc de Joinville, *rendons hommage* à sa piété filiale qui lui fait partager l'exil de son malheureux père, qui a oublié ce qu'il devait à sa propre famille, et d'un roi parjure, qui cependant devait savoir *que jamais mauvais parent ne fut bon prince;*

5° Enfin, aux bonapartistes, *bornez-vous seulement* à vous entretenir du génie et de la gloire de Napoléon Ier, empereur des Français.

On pardonnera ces remontrances et ces conseils, qui sont peut-être hors de saison, à un citoyen très âgé et valétudinaire, qui, en traversant, pendant plus d'un demi-siècle, et dans différents climats, les plus grandes révolutions politiques, n'a cependant jamais rien demandé (1),

----

(1) Je me trompe. En germinal an XIII de la République française, Bonaparte, qui n'oubliait pas ses promesses faites à son armée d'Orient, avait reçu avec bienveillance la réclamation que je lui avais adressée (sous forme de bouts rimés) au sujet d'une place de médecin militaire dans l'Hôtel-Dieu de Lyon, à laquelle mes chefs respectifs, MM. les inspecteurs-généraux du service de santé des armées, m'avaient proposé *comme ayant le plus de droits;* mais le ministre directeur de l'administration de la guerre (M. Dejean), probablement fâché de ce que je m'étais adressé *plutôt à Dieu qu'à ses saints,* se hâta de disposer de cette place en faveur d'un protégé, et en même temps de m'envoyer, le 29 du même mois de germinal, une nomination de médecin dans les hôpitaux de Milan. L'on ne m'accordait que trois jours de délai. Ne pouvant me rendre de suite à ce poste, je sollicitai un congé de convalescence, appuyé d'un certificat convenable de médecins, attestant ma santé délabrée et la perte imminente de mon œil gauche. En réponse, il me fut notifié que ma demande *équivalait à une démission.* Si le *grand empereur,* si le *petit caporal* avait su tout cela, le citoyen Dejean aurait peut-être eu à craindre de se *voir cassé aux gages* et privé des titres

qui n'a pas craint de faire constamment preuve de courage
militaire et civil, et qui encore, voulant à la fin de sa car-
rière manifester ses sollicitudes à l'égard de son pays, et
se renfermant, à cet effet, dans son ancienne spécialité,
malgré son âge et son état notoirement maladif, continue
de s'occuper de la salubrité publique, au sujet de laquelle, partant d'un point peu étendu d'une localité immédiatement contiguë à sa maison de campagne d'Oul-
lins, s'est vu obligé de rechercher et de faire connaître ce
qui pouvait en arriver de contraire à l'état sanitaire, au
moins de nos parages, surtout d'après les révolutions at-
mosphériques, sociales et politiques, qui donnent trop
lieu à des rapprochements et à des identités partielles et
générales dans la position de chacun et de tous, identités
qui favorisent toujours plus ou moins l'apparition et la
propagation des épidémies et des contagions.

En conséquence, je crois pouvoir conjurer de rechef (1)
le sieur Gonnet, mon voisin, au Perron, au nom de
ses concitoyens et de sa propre conservation, de suppri-
mer immédiatement le chantier plus qu'insalubre qu'il
lui a plu maintenir et augmenter dans un petit coin, le
plus sale du canton, attenant à ma propriété. Cette in-
jonction ne doit étonner personne, et elle doit intéresser
tout le monde... Elle est une obligation sacrée pour tout
homme pensant et sensible, pour tout médecin et pour

qu'il a su conserver sous les régimes postérieurs à ceux de la première
République et de l'Empire.

(1) On n'a rien négligé pour provoquer une décision, soit auprès du sieur
Gonnet, soit même auprès de l'administration municipale qui a gardé le
silence et qui doit craindre qu'on lui reproche une inertie bien blâmable au
moins.

tout républicain. Mais comme cette espèce de sommation ne doit être exclusive ni pour celui qui la fait, ni pour celui à qui elle est faite, j'engage le sieur Gonnet à garder une note exacte et sincère des frais que pourra lui causer ce changement ou cette destruction d'un chantier qui compromet la santé de tous ; et je promets de lui tenir compte de ses dépenses, d'après experts, si l'autorité et l'Institut national de France, à qui je destine un *nouveau travail sur les effluves marécageux*, décident que ma réclamation n'est ni fondée ni utile.

En attendant, je crois devoir donner au public la connaissance des usages admis, des réglements, etc., qui ont été faits au sujet d'une question relative à la salubrité publique, dont il sera traité dans mon nouveau travail sur les effluves marécageux, et qui sera composé : 1° d'un mémoire sur l'air commun ou atmosphérique ; 2° d'un mémoire sur quelques airs particuliers, et notamment sur l'air fixe ou l'acide carbonique ; 3° d'un mémoire sur les marais, grands et petits, et sur leurs émanations ; 4° d'un mémoire sur des précautions hygiéniques au sujet des desséchements et assainissements des terrains marécageux et des habitations voisines de ces terrains insalubres ; 5° enfin, d'un mémoire sur quelques épidémies, épizooties particulières, et sur les traitements qu'on leur a opposés.

1° Les trous pour fumier doivent être au moins à distance de 50 mètres des maisons. (Lois de décembre 1789, 16, 24 août 1790 ; Code pénal, art. 476, n° 15.)

2° Aucun tuyau de poêle, et sans doute aussi de conduit de lieux d'aisance, ne peut déboucher sur la voie publique. (Code pénal, art. 5 et 15.)

3° Il est interdit de placer des meules de fourrage, de paille ou de blé, à moins de 100 mètres des habitations. (Code pénal, art. 474, n° 4.)

4° Il est ordonné de clore un terrain bordant la voie publique. (Code pénal, art. 171, n° 5; art 479, n°s 1 et 15; art. 475, n° 12.)

5° On ne doit pas tolérer que le sol des chemins soit couvert de paille, d'aucunes ordures, de bruyères destinées *à s'y transformer en fumiers*. Il est interdit de faire et de déposer des ordures le long d'un mur particulier. (Code pénal, art. 471, n° 15.)

7° D'après la loi des 16 et 24 août 1790, titre XI, art. 3, paragraphe 1, et celle des 19 et 21 juillet 1781, titre 1, art. 18 et 29, sont passibles de peines ceux qui auront jeté et exposé, au-devant de leurs édifices, des choses de manière à nuire par leur chute ou par des exhalations insalubres, dont l'on ne peut infecter l'héritage de son voisin, et qui ne peuvent lui être volontairement transmises, à peine de lui payer le dommage. (*Manuel des propriétaires ruraux*, t. 1, p. 192, et *Album du Code municipal*, p. 245.) Tout propriétaire qui veut adosser ou établir contre un mur voisin un magasin de sel ou un amas de matières corrosives est obligé à laisser une distance prescrite par les réglements, ou faire en sorte d'éviter de nuire au voisin. (Code civil, livre III, titre IV, p. 74.)

8° Il est défendu de construire, si ce n'est à de certaines distances des cimetières, de nouveaux bâtiments, ou de restaurer les anciens. Cette distance est fixée à 900 mètres, ou 500 toises. On fera des plantations d'arbres en prenant des précautions convenables pour ne point gêner la circulation de l'air. Les terrains des cimetières abandonnés pourront être affermés, etc., mais à condition qu'ils ne seront qu'ensemencés ou plantés, sans qu'il puisse y être fait aucune fouille ou fondation pour des construction de bâtiments. Les gazons, les terres et les pierres des chemins publics ne peuvent être enlevés sans l'autorisations du préfet. (*Manuel des propriétaires ruraux*, in-12, 1823, t. I, p. 22, p. 129 et 131.)

9° Les codes ou réglements ruraux disent encore que l'administration ne peut souffrir sur les routes le jet des eaux ménagères ou industrielles, et encore moins l'afflux des eaux fétides et boueuses, provenant des écuries, des étables et autres établissements analogues, qui peuvent gêner les canaux, gâter les chemins ou altérer les routes.

10° Si d'anciens jurisconsultes ont avancé qu'il était possible d'intenter un procès à un voisin qui veut faire un pré d'un champ en friche (maladies des artisans, trad. par Fourcroy, p. 450), ne serait-on pas en droit, à plus forte raison, d'exiger la conversion d'un terrain uligineux en une terre salubre?

11° C'est d'après toutes ces citations d'administration rurale, etc., que l'on peut fortement conseiller au sieur Gonnet, mon voisin, l'amendement ou le changement de son petit morceau de terrain, dont l'insalubrité lui est au moins aussi nuisible qu'aux autres ; et encore pense-t-on lui rendre service en lui indiquant les précautions avec lesquelles il peut opérer impunément ce changement utile.

(*a*) Attendre le moment d'une pluie peu forte avant de songer à défoncer le plateau artificiel de son terrain, qui, ne produisant rien, et nuisant au surplus par une humidité pourrissante qu'il maintient au pied d'un mur appartenant à un autre voisin, donne lieu à des exhalaisons malfaisantes, et dont l'abondance est entretenue par les amas de bois marécageux, verts, tendres, muqueux, et souvent déjà gâtés, qui recouvrent et surchargent constamment le terrain.

(*b*) Ce défoncement sera facilité par un labour préalable plus ou moins profond, par des irrigations ou arrosements d'eau de chaux, par des aspersions de chaux en poudre, de plâtre ou de charbon pulvérisé, et par la combustion lente d'un cordon de foin ou de paille sur le pourtour dudit terrain. Cette dernière précaution sera moins nécessaire s'il fait un léger soleil ou s'il vente un peu. Le journalier qui procédera fera bien d'être chaussé et de ne pas être à jeun.

(*c*) Une troisième et dernière opération consistera dans le labour et l'ensemencement convenables du sol. Ce travail, au surplus, n'aura pour le sieur Gonnet qu'un résultat avantageux, lucratif et même agréable.

Lyon, le 25 mars 1848.

BALME,

D. M. M.